大人になるということ

心の成長とリーダーの器

Ryuho Okawa
大川隆法

まえがき

最近、「大人になるとはどういうことか。」を考えることが多くなった。若くて優秀な人たちが自己実現に夢中になるのは当然なのだが、その「自己実現」と「セルフィッシュであること（自己中《じこちゅう》）」との区別が実にあいまいなのだ。また若くて優秀な人ほど、言い訳や責任回避、自己ＰＲにはたけていても、全体を考えない、人の気持ちをくみとれない、といった傾向が出てくるのも気になっている。

おそらく、学校でも家庭でも、職場でも、「精神修養」の大切さを教わらなくなったからだろう。「知」が「智慧《ちえ》」のほうに昇華《しょうか》されず、「技術」や「情報」に流れていくのも同じ傾向だろう。

かつて秀才であったり、才能が高かった人が、中間管理職から上に進めない理由も、本書は雄弁《ゆうべん》に語っている。「心の幼《おさな》さ」について一度勉強してほしい。

二〇一八年　四月二十日

幸福《こうふく》の科学《かがく》グループ創始者兼総裁《そうししゃけんそうさい》　大川隆法《おおかわりゅうほう》

大人になるということ　目次

5　人が「大人になる」瞬間《しゅんかん》　65

第2章 「器《うつわ》の大きさ」と「言葉の重み」(質疑応答)

二〇一八年一月十一日
東京都・幸福の科学総合本部にて

第1章

大人になるということ

二〇一八年一月十一日　説法《せっぽう》
東京都・幸福の科学総合本部にて

1 「大人かどうか」の四つの判断基準

年齢《ねんれい》では測《はか》れない「人として大人になる」ということ

本書のテーマ「大人になるということ」とは、「年齢《ねんれい》が二十歳《はたち》になったので大人になった」というような意味ではなく、「実社会に出てから、『大人になった』と言われるとは、どういうことなのか」ということです。これについて、述べてみようかと思っています。

なぜなら、「二十歳で大人になる」とはいっても、四十代ぐらいになっても、

「あの人は大人になっていないね」とか、「まだ大人ではないね」と言われる人はいるからです。若い人から見れば意外に感じるでしょうけれども、四十代ぐらいでも、そのように言われることはあるのです。

ここは、非常にいわく言いがたいところであり、どうも、肉体年齢としての人間の成長とは〝別の物差し〟があるらしいということが分かります。

そして、三十代、四十代で、「まだ大人ではないね」と言われる人の場合は、たいてい、ものの考え方や判断の仕方や行動に、「その年齢の人なら、普通《ふつう》はそう考えないのではありませんか」「そうはしないのではないですか」と言われるような、非常に子供っぽいところがあるのです。

もちろん、よい意味であれば、そのような言葉が使われることはありません。

「三十代、四十代、五十代でも、青年のような気持ちを持って生きている」というような、よい意味で使うときには、普通、「大人になっていないね」という言い方はしないわけです。多少、「まだ青いね」という言い方をすることはあります。「青臭《あおくさ》い希望を抱《いだ》いている。志《こころざし》を持っている」というような感じで言われることはあるでしょう。

また、その両者が近寄ってくる面も、若干《じゃっかん》、ないことはないのですが、もし両者が近づいてくるとすれば、客観的な自分の「位置づけ」や「評価」が見えていない場合には、そういうことを言われることもあるかもしれません。

「大人かどうか」の基準①――職業選択《せんたく》、および職業での設計は？

世の中は、いろいろと厳しいこともあり、やはり、人それぞれに適性というものがあります。もちろん、努力していれば道は拓《ひら》けるようにはなっているのですが、ある程度の適性はあって、「適性の上に立って努力をし、どの程度で花が開くか」というようなことはあるわけです。

そのあたりを見極《みきわ》めるときに、「大人かどうかが分かる」ということは、一つ、あると思います。要するに、職業選択《せんたく》、および、その職業でのある程度の設計において、大人かどうかという判断をされることがあるわけです。

「大人かどうか」の基準②――金銭面で見極《みきわ》めがつくか？

それから、二つ目は、金銭面です。

お金の面では、子供が「小遣《こづか》いが欲《ほ》しい」と思う程度の感じ方であるとか、貯金したりしなかったりとか、どこで何に使ったのかが分からないとかいうような話は、いくらでもあるでしょう。しかし、「大人になった」ということであれば、そういうレベルを超《こ》えて、一定の採算感覚や、あるいは、けじめといったものが分からなければ、おかしいと言えます。

もちろん、家庭を持っている人の場合には、家計感覚もあるでしょう。それから、人生全体の計画に基《もと》づく経済的な面での見取り図、つまり、自分自身のだいたいの実感として、「このくらいの感じでいけるかな」ということが見えているか、見えていないかは大きいと思います。やはり、これが見えない人というのは、一定の比率でいるのです。

金銭的なものは、この世的と言えばこの世的にも見えるのですが、やはり、知恵《ちえ》の面があります。黒字で怒《おこ》られることはあまりないのですが、それがどうしても分からない人、要するに、金銭感覚のところで、いつも赤字感覚を持っているタイプの人は、いつまでも親に小遣いをねだる子供のようなものなのです。

そういう人は、今、多いように思います。なかなか職に就《つ》けない人やフリーター、あるいは職を失う人も多いので、そのあたりが、なかなか成長し切れない面があるのではないでしょうか。

また、逆に今度は、六十歳《さい》以降の人生設計においても、そこの部分が試《ため》されるところはありますし、もしかすると、その試しは五十歳ぐらいからあるかもしれません。「五十歳以降をどのように生きていくか」という感覚を試されるところはあると思うのです。

なかには、「自分で考えても分からないので、占《うらな》い師に占ってもらう」というような人もいるかもしれません。占い師に「私は何歳まで生きますか」と訊《き》いて、それをもとに、「あと幾《いく》らあったら、いけるか」を計算するという感じでしょうか。「あなたは、あと何年で死にます」と言ってもらえたら、その年数で生活費を割り出してみて、「これだけあればよい」というのを算出するというかたちもあるかもしれません。

ただ、占い師のほうは、見料《けんりょう》として千五百円から二、三千円ほどもらえれば、それで十分であり、その後に対する責任はないので、結果が違《ちが》っていたとしても、「あなた、三千円で人生が決まるわけがないでしょう」と言って、それで終わりでしょう。「三千円は私の労働賃金です」ということで終わるでしょうから、責任を持ってはくれないと思います。

そういう意味で、職業選択や、あるいは、その職業のなかでの自分の仕事の確立のところで、大人かどうかが問われるわけです。また、金銭感覚というのは、一生を貫《つらぬ》いて、ある程度、出てくるものではありますが、一定の年齢、経験を経《へ》るにつれて、見極《みきわ》めがつくようにならなければおかしいでしょう。

これは、夫にも妻にも言えることですが、「家計簿《かけいぼ》的な計算ができないような人の場合は、苦労が続く」というのは、ほぼ間違いありません。また、家計簿レベルでの計算ができないのであれば、はたして、会社の大きなお金を動かせるのかどうかも、不思議なところではあります。

確かに、一部にはできる人もいるのです。特殊《とくしゅ》な専門知識があり、「他人《ひと》のお金なら動かせる」という人も、なかにはいます。

ただ、会社の場合は、複数の人たちが見てはいますし、たいてい、上司がいて、必ず、ダブル、トリプルでチェックがかかってくるようになっているので、それほど簡単に独走できるわけではないでしょう。

「大人かどうか」の基準③――男女関係の問題

「大人になっているかどうか」を見られる三つ目は、「男女関係の問題」です。恋人《こいびと》ができる、結婚《けっこん》する、家族計画を立てる、離婚《りこん》する、あるいは自分の親や相手方の親との関係など、いろいろなかたちで、結婚を契機《けいき》として「大人になれるかどうか」という問題が出てくるわけです。

このように、「大人になっているか」というところに関しては、少なくとも、「職業選択と決定」「金銭的に筋道《すじみち》が立つかどうか」「異性に対して、責任あるかたちでの大人になれるかどうか」という、この三つぐらいが、だいたい引っ掛《か》かってくるのではないでしょうか。

「大人かどうか」の基準④――自己本位になっていないか？

こうしたこと以外で「大人になっていない」と言われることがあるとすれば、何があるでしょうか。

これは、幸福の科学の基本的な教えにも当たりますが、まず、人というのは、放置すると本能的に「奪《うば》う愛」に入る傾向《けいこう》があり、「人から取ること、もらうこと」ばかりを考えるようになります。もちろん、もらうものが多ければうれしいし、取られることが多ければつらいとは思います。それは当たり前のことです。ですから、本能的には、「もらいたい」「欲しい」という気持ちにはなるでしょう。ただ、それが、周りから見ると、子供っぽい感じがするわけです。

子供同士が、「どちらかが飴玉《あめだま》を余分に取った」とか、「チョコレートを余分に取った」とか、「大きいほうのケーキを取った」とかいうような喧嘩《けんか》をするのはいいとしても、大人になってきたら、「受け取るべきシェアや評価」といったところで判断されるようになります。

その際、他人から判断されることが多いわけですが、「これは、自分自身の判断とは違う。考え方とは違う」ということはあると思います。そのときに、だいたい、大人になっているかどうかを試されることが多いわけです。

要するに、人は、「自分のことは大きく評価し、他人のことは低く見たがる」という習性を持っています。ただ、これが人為《じんい》的努力によって、仕事に熟練するなり、あるいは修行《しゅぎょう》をするなり、教学を積むなりしていくと、若干、内容が詰《つ》まったものの見方ができるようになってくるのです。

ですから、ここで、いつまでも〝セルフィッシュ（自己本位）な考え方〟が強いようだと、「子供っぽい」という言い方をされるわけです。

2 「上に立つ人間」に求められること

直接関係のないことにまで責任を取らされる

「だんだん大人になってくる」とはどういうことかというと、やはり、「耐《た》えられる範囲《はんい》が大きくなってくる」ということでしょう。

「子供っぽい大人」というのは、基本的に、「自分には責任がない」として、他人《ひと》や会社に責任を持っていく考え方をするほうを選ぶ傾向《けいこう》があります。

ところが、大人になってくると、自分自身には直接の責任がないことであっても、「あなたの責任かもしれない」とか、あるいは、「監督《かんとく》不行き届きだ」などというようなことを言われる場合もあるわけです。

このへんは難しいところですが、自分自身がやったことではないことにも責任を感じるようでなければなりません。

実際に、社員数が一万人を超《こ》えるような会社になってくると、これはやむをえないことで、上に立つ人は、「個々の社員が何をやっているのか」ということをつかみ切ることはできません。

また、誰《だれ》かがどこかで何かしているのかが分かっていたとしても、それが、責任が大きく発生するものになってきた場合、担当者だけの責任では済まないことがあります。そういう場合は、たとえ、上に立つ人が直接にやっているものではなくとも、本来、監督すべき立場にあった人がそれを「見逃《みのが》していた」、

「何もしなかった」、「放置した」、あるいは「容認《ようにん》していた」などというだけでも、責任が出てくるわけです。

例えば、銀行の支店長自《みずか》らがお金をごまかしていなくても、あるいは、部下に「そうしろ」と言っていなくても、行内検査や金融《きんゆう》庁からの調査などを受けた際、計算が合わないということになったら、当然、支店長にも責任が及《およ》ぶでしょう。

ミスをしたのは一行員《こういん》かもしれません。また、それは故意、わざとだったのかもしれないし、たまたまのミスだったのかもしれません。しかし、調査が入ったときに、しかるべき立場にある人から摘発《てきはつ》されたら、やはり上に立つ人にも責任はかかってくるのです。場合によってはクビになりますが、そこまで行かなかったとしても、左遷《させん》されたり、窓際《まどぎわ》に置かれたりといったことになります。

そのように、規模が大きくなればなるほど、上の立場にある人のほうに重い責任がかかってきて、実際上、その人が分かろうはずもないところの責任まで取ることになるのです。

ただ、それによって、組織としては、〝引き締《し》まり効果〟が出ます。立場が下のほうの人が「自分の自由にやろう」と思っていても、上に責任がかかるかもしれないとなると、「これは我慢《がまん》したほうがいいかな」などと思うようになるわけです。

また、逆の立場から言うと、組織においては、「自分以外の人がやったことに対しても責任を感じるようなタイプの人に、上に上がっていってほしい」という気持ちが働いています。

要するに、「上にある人」というのは、立場が下の人、つまり、権力構造から言うと弱い立場の人からすると、「自分たちの失敗、ミスなどの責任を引き受けてくれる人」、「その失敗を挽回《ばんかい》してくれる人」でなければいけません。あるいは、「部下では戦い切れない外部の敵が現れたら、代わりに戦ってくれる人」ということになります。

そういう意味では、「他人の分まで護《まも》ろうとするようになる」というのは、大人びてきている証拠《しょうこ》というか、大人になってきている証拠であると言えるでしょう。

四十代になっても、「自分のせいではない」とか「自分はやっていない」とか言う人は、まず責任回避《かいひ》に入っているので、基本的に、「責任を回避さえすれば、定年まで勤められて、上の立場へ上がれる」と思っているタイプの方々だということです。

しかし、みんなの目は節穴《ふしあな》ではありません。周りからは「そういう人なのだな」と見られていることを知ってください。このへんは気をつけなければいけないところになります。

このように、「人の上に立つ」ということは、「次第《しだい》しだいに、自分に直接関係のないことにまで、責任を取らされるようになる」ということなのです。

例えば、●乃木《のぎ》（希典《まれすけ》）将軍は、自分の采配《さいはい》のせいで、二〇三高地で何万人もの若い人たちを死なせたことに対して、深い深い痛恨《つうこん》の念を感じたでありましょう。個別に戦っていたのは個人ではあるのですが、その采配の責任はズシッとかかってくるわけです。

結局、「大人になる」とは、「人間としても成長していかねばならない」とい

●**乃木希典**（1849～1912）　長州藩出身の軍人。陸軍大将。明治維新後は、西南戦争、日清戦争に出征。日露戦争では、第3軍司令官として旅順《りょじゅん》攻略を指揮。昭和天皇の教育係も務めた。明治天皇の大葬の日、妻と共に殉死。港区・赤坂など全国各地の「乃木神社」に祀られている。

うことを意味しているわけです。

大目に見てもらえるのは若いうちだけ

若いときには、周りの人たちからは「まだ若いから、そういうこともあるだろう」と、多少、大目に見てもらえるかもしれません。

ただ、「仏の顔も三度まで」というか、何回も何回も繰《く》り返し同じような失敗が出てくると、「やはり、そういう人なのだな」と思わざるをえないので、周りの人はだんだん許してくれなくなってきます。

若いうちは、「まだ若いから失敗したのだろう」とか、「経験不足かな」とか、「年齢《ねんれい》不足かな」とか思うところもあって、みんなそれほど責めずに止めていますが、一定以上の年齢になると、「そのへんの物事の筋《すじ》がもう分かってもいいころではないか」と言われるときが来るのです。そうなると、もう言い訳ができなくなってくるところがあります。

以前、私は、商社に勤めていたころ、「これは私のミスではありません」と言い訳して、課長に怒《おこ》られたことがあるのですが、それを見ていた先輩《せんぱい》からは、「あの課長の言っていることには間違《まちが》っているところがあるけれども、『言い訳をするな』というのだけは正しい」と言われたことがありました。

「自分の責任か、そうでないか」などと言っているうちは、まだ平《ひら》社員というか、担当者にしかすぎません。担当者でなければ専門職の人でしょう。何かの専門職として仕事を任されているということであれば、それ以外の責任はないわけです。

しかし、もっと上の管理職になってきたら、自分以外の人の失敗が、どのように連鎖《れんさ》してくるかは分からないところがあります。

例えば、部下に取引先と交渉《こうしょう》させたけれども失敗したという場合、交渉相手としてその人を選んだために失敗したのであれば、「なぜ、あんな人を出したのだ」と、さらに上の立場の人から怒られることもあるでしょう。

「公正中立になる努力」はしているか?

また、内部的には、人の上に立てば立つほど、「できるだけ公正中立になろうとする努力」はしていかなければいけません。

やはり、人には好き嫌《きら》いがどうしてもあって、直らないこともあるので、配属先によって運・不運が出る場合もあります。ただ、「自分の嫌いな人ばかりを上に上げて、好きな人は下に下げろ」と言っても、そんなにできるものではないでしょう。

まれに好き嫌いが全然ないという方もいるかもしれませんが、そうは言っても多少はあるはずです。食べ物についても、嫌いな食べ物がない人もいるでしょうが、多少の〝好き嫌い〟というか、〝濃淡《のうたん》〟はあると思います。同じように、対人関係においても、同性であれ異性であれ、好き嫌いの濃淡はあるものです。

例えば、五人ぐらいの小さなチームで、男性がチーフをやっていたとしましょう。また、部下として男性二名、女性二名がおり、チーフである男性が、女性二人をバッと見て、「こちらは美人で、こちらはそうでもない」と思ったとします。

こうしたなかで、チーフが美人ばかりを持ち上げて、もう一人の女性を下げていくなどということをずっとやっていると、やはり、その女性からだんだん不満が出てくるはずです。また、男性の部下からも、「チーフの判断はおかしいのではないですか。えこひいきが過ぎるのではないですか」と言われることもあるでしょう。

このように、上に立つ人には、ある程度、判断に客観性があるかどうかが問われるのです。要するに、相性《あいしょう》などいろいろあるため、多少のアローワンス（許容範囲）があることはみんな認めてはいますが、限度を超えてくると、「ちょっと、どうでしょうか」と、文句《もんく》を言われることになります。これは男性の部下に対してであっても同じでしょう。

「組織全体としてプラスか、マイナスか」の判断ができるか？

こうしたことに関して、よくやる失敗の一つとしては、能力のある人を、「自分の立場を脅《おびや》かすかもしれない」と思って遠ざけたり、低く抑《おさ》えたり、その人の失敗などをわざとあげつらったりすることです。

確かに、そのようにして能力のある人を出世させないようにしたり、出世を遅《おく》らせたり、横槍《よこやり》を入れたりすれば、自分としては気持ちがいいというか、気が済むところもあるのでしょう。「ライバルになって上がってくるかもしれない」とか、「逆転されて、自分の上に上がるかもしれない」とか思えば、そうしたくなる気持ちが出るのも分からなくもありません。

しかし、「会社全体、あるいは組織全体として見たら、その判断は正しいのか」という問題もあるわけです。

例えば、それは〝自分の好き嫌い〟でやっているのかもしれないけれども、自分よりも上の立場の人から見ても、「やっぱり、あの人には能力があるかもしれないけれども、周りから嫌われているのだから、しかたがない」と思うかもしれません。つまり、「その判断が自分よりも上の人に支持されるか、されないか」ということは、やはり大きいと思うのです。

そのように、自分自身の判断のほかにも、「組織全体としてプラスか、マイナスかという判断」、あるいは、「将来に対する判断」、「将来どうなるかということに対する判断」等もあるわけです。

さまざまな組織において、「おとなしいタイプの人、自分の言うことをきく人ばかりを引き上げていく」という傾向はよく見られます。会社でもあれば、役所でもあるし、大学関係の研究者のなかなどでもあるものです。どうしても、「よく言うことをきいて、黙《だま》っている人を上げていく」という傾向が出ることは出ますが、それが妥当《だとう》とされる場合と、そうでない場合とがあるだろうと思います。

こういうところを本能のままにやりすぎると、「大人気《おとなげ》ない」という言い方になるでしょう。このあたりは難しいところかと思います。

3 「芸術家肌《はだ》の人」と「組織人」との違《ちが》い

細田守監督《ほそだまもるかんとく》のエピソードに見る、芸術家肌の人が「組織に入る」難しさ

一般的《いっぱん》には、高卒や短大卒、大卒等で就職するわけですが、組織のなかに残れない人は数多くいます。そして、辞《や》めていく人の三分の二、すなわち、たいていの場合は、「人間関係がうまくいっていない」らしいのです。

ただし、能力的に高い人のなかには、自己実現欲が強くて、「自分が思った

とおりにやりたい」というようなところもあるため、このあたりは少し拮抗《きっこう》し合う難しいところではあります。やはり、どうしてもうまくいかない場合もあるのでしょう。

例えば、「バケモノの子」（二〇一五年公開／東宝）などのアニメ映画をつくった細田守監督《ほそだまもるかんとく》は、大学卒業時に、宮崎駿《みやざきはやお》さんがやっていたスタジオジブリの採用試験を受験したそうですが、そのときの一次審査《しんさ》でのことです。

もちろん、ジブリはアニメの制作会社なので、応募者《おうぼしゃ》に絵を二枚以上描《か》かせて提出させ、だいたい、どのような絵が描けるかを見る試験があったのですが、「細田氏は、百五十枚以上も描いて送ってきた」というのです。

それで、宮崎さんは二次試験の後《のち》、当時の細田氏に対して、「君が熱心なのはよく分かるのだけれども、残念ながら、君のようなタイプの人は、むしろ、私のところに来て下積みの助手をやったりしないほうがいいのではないかと思う。そういうことをすると、君の能力を潰《つぶ》してしまう恐《おそ》れがあるから、君は君の道を探したほうがいいのではないだろうか」というような趣旨《しゅし》の手紙を書いたそうです。

だいたい、「絵を二枚以上描け」というのに対して、百五十枚以上も送ってくるような人というのは、〝はみ出している〟人なので、「自分でやったほうがいいのではないですか」ということでしょう。そもそも、そういう人は、自分のやり方でアニメを描きたくなるでしょうし、ジブリのなかに入っても、やはり、自分のやり方を強く主張して、なかなか譲《ゆず》らなくなるのは見えています。そのため、「君は、自分でやったほうがいいのではないか」ということで、落とされたようです。

ちなみに、その後、細田守監督がプロになって、自分でやれるようになってからも、ジブリとジョイント（共同）で一緒《いっしょ》に仕事をする機会はあったのですが、そのときも、途中《とちゅう》から「一緒にはできない」ということで別れているのです。このあたりを見ても、やはり、「仕事のやり方や好みに違《ちが》いがあるのだな」ということは分かります。

こうした芸術家肌《はだ》の仕事というのは、なかなか難しいところがあるのかもしれません。

新海誠監督《しんかいまことかんとく》のエピソードに見る、芸術家系の人が「人を使う」難しさ

あるいは、アニメ映画「君の名は。」（二〇一六年公開／東宝）で有名になった新海誠監督《しんかいまことかんとく》は、普段《ふだん》は、一人で三年もかけて絵を描《か》いて、ほとんど自分でやるような人なのですが、「君の名は。」は、ほかの人もアシストで入って制作しています。

そのときに、新海監督は、絵を見ていて気に入らないと、自分で直接、直していたそうです。ところが、現場には、作画監督など、いろいろな監督が下にきちんといるのです。そのため、彼らから「直すのなら、私を通して『直せ』

と言ってくればきちんと直すのに、どうしてそうしないのですか」と、やはり突《つ》き上げられるわけです。

要するに、そういった下の人たちというのは、もっと大きな仕事に携《たずさ》わってきた人たちであり、チームを組んで、製作費の高い映画をつくっていた人たちなのです。

一方、新海監督は、一人で描いていた人なので、〝助《すけ》っ人《と》〟が来ても使えないのでしょう。その〝助っ人〟を通じて、さらに下の立場で絵を描いている人に「直してくれ」と言うのは面倒《めんどう》くさいし、自分が人を使ったことがないので、そうしたことは言いにくいわけです。そのため、監督が自分で絵を直してしまうことになるのでしょう。

もちろん、そのほうが早いし、人を通すことで軋轢《あつれき》が生じたり嫌《いや》がられたりするのも嫌なので、「自分でやってしまいたい」という気持ちになるのでしょう。

しかし、もっと大きな仕事をやってきた人からは、「チームを組んで仕事をしている以上、そういうことをされると困ります」と指摘《してき》されるわけです。ここは難しいところです。おそらく、これは、新海監督にとっては、これからの課題になるところでしょう。

そのように、芸術家系の仕事の場合、人との相性《あいしょう》や組み合わせなどもそれほど簡単ではないし、自分自身で強い使命感が固まっている場合、やはり、最後は自分でやらざるをえないときもあるだろうと思います。

●**袁紹**（？～202）　中国、後漢末期の武将。霊帝の没後、宦官勢力を一掃。献帝を擁《よう》した董卓《とうたく》を追放した。後に曹操《そうそう》と対立し、官渡《かんと》の戦いで敗北、病死した。

「自分自身ができるという能力」と「判断能力」とは違《ちが》う

また、人にはいろいろ考え方はあるのですが、はっきり、「こうだ」と物事を考えている人もいれば、側《そば》にいる人の影響《えいきょう》を非常に受けやすいタイプの人もいます。

例えば、「三国志《さんごくし》」で言うと、袁紹《えんしょう》には他人《ひと》の影響を受けやすい傾向《けいこう》がありましたし、呂布《りょふ》などもそうでした。個人的には強かったのですが、他人に何か言われると、「そう言われると、そうかなあ」と〝揺《ゆ》れる〟ようなところがあったようです。

ただ、これは才能の種類が違《ちが》うのでしょう。つまり、「武力が強い」「戦った

●呂布（？～198）　中国、後漢末期の武将。若くして騎馬、弓術に優れ、并州《へいしゅう》刺史である丁原《ていげん》の養子であったが、董卓に利用されて丁原を殺害。後に、王《おう》允《いん》に利用され董卓を暗殺した。その後、放浪するも、最後は曹操軍に捕らえられ、殺された。

ら強い」という意味での「将軍になれるような強さ」と、「相手はこう考えるだろうから、こうするべきだ」と考えて作戦を立てる「参謀的才能《さんぼう》」とでは違いがあるわけです。このあたりの違いを知らなくてはいけません。

その意味では、実際に戦ったら自分のほうが強いとしても、やはり、作戦としては、いろいろな人の作戦を受け入れて戦わなくてはいけないのです。

ただ、これも参謀が一人だけであれば、その人が言うとおりに動く感じになるのでしょうが、参謀が複数になってきたら意見が対立します。このときに判断ができるかどうかということも、大きなことだと思います。

もちろん、全員が一致《いっち》していれば、それほど責任はないのですが、軍議などでは、たいてい、矛盾《むじゅん》することや正反対のことを十分に言わせた上で、最後にその採決をするのが将軍や大将の仕事です。

例えば、「籠城戦《ろうじょうせん》をするべきです」「いや、打って出るべきです」「夜襲《やしゅう》をかけるべきです」など、いろいろな意見が出るでしょう。

そのように、意見を言う人は自由なのですが、最後に判断をするのは大将の仕事です。大将は、「生き残るか全滅《ぜんめつ》するか」という責任を最後に問われるわけです。結局、大将というのは、そのためにいるわけであって、〝首を取られる〟ためにいるようなものなのです。

そういうわけで、「戦ったら強い」という才能と、参謀的に「策を用いたり、計画を立てたりすると強い」とか、「チーム力を発揮させると強い」という才能とには違いがあります。

それからもう一つ、「自分自身ができる」という能力と、「いろいろな案を提示されて、そのなかから選び取って判断をする」という能力とは別のものでしょう。つまり、「自分自身ができるという能力」と、「判断能力」とは別のものなのです。

特に、職人系の人のなかには、何も言われなくても自分でできてしまうものの、「これは、どうすればできるのですか」と訊《き》かれると説明できないという人がいます。「そんなもの、見て勝手に学べ」というようなことでしょう。

そのように、「見て勉強しろ」とは言うのですが、「なぜできるのか。どうしたらできるのか」ということが分からなくて説明できないために、そういうことを言う人はけっこう多くいます。これは、マニュアル化ができないタイプの人です。やはり、そうした人もいるのです。

このあたりは、組織の規模とも関係はしてくるのかなと思います。

4「リーダーになれる」人の特徴《とくちょう》

リーダーの成長なくして、組織の成長はない

一般的《いっぱんてき》に、社業の発展はみな望むところではあるものの、会社が大きくなればなるほど、個人の自由になる範囲《はんい》、裁量の幅《はば》は狭《せま》くなってきて、自由にならなくなります。

したがって、その自由にならないところを、何とかして意思をまとめて、一定の方向に道を拓《ひら》かなければなりません。

その意味では、「個人ができればよい」という仕事の仕方から、だんだん、「二、三人のチームワークで、いい仕事をする」という考え方に変えていかなくてはいけないでしょう。さらには、「レベルの違《ちが》う素質を持った大勢の人を組み合わせて、全体の仕事を発展させていく」というような仕事もしなくてはいけません。

たとえ、最初は小さな会社だったとしても、五年、十年、二十年とだんだん年数を重ね、社員の数が増えてくれば、場合によっては、自分より優秀《ゆうしゅう》な人も出てくるでしょう。あるいは、「その分野においては専門家」という人が入ってくるようになります。

そのように、「その分野については、彼は自分のキャリアより上だ」ということになると、任せ方が難しいのです。その人のほうがキャリアが長いからといって、「その人にすべてやってもらえば済むか」というと、済まないところがあり、全体のバランスを見て判断しなくてはいけないわけです。

「こちらよりも向こうのほうがキャリアが上だ」というような人が来るとどうなるかを考えると、やはり、上に立つ人は、だんだんと学びを深めて成長していかなければなりません。

結局のところ、上に立つ人が大人になる態度をつくり上げていかないと、組織の成長はありえないということです。

リーダーになる人に必要な〝ギア・チェンジ〟

特に、リーダーになる人というのは、もちろん、最初は何かに優《すぐ》れていないとリーダーにはなれないものですが、途中《とちゅう》でギアを変えていかなくてはいけないので、そこが厳しいところだと思います。

学生時代ぐらいまでなら、やはり、何か人よりも優れた才能を持っていれば目立つでしょう。

例えば、二〇一九年春には、HSU（ハッピー・サイエンス・ユニバーシティ）の初めての卒業生も幸福の科学グループに職員として入ってきます。そのため、私は今日、人事の採用稟議《りんぎ》もかなり見ましたが、「みな立派そうだな」と感じたというか、〝売り込《こ》む〟材料をつくるのに頑張《がんば》っているのがよく分かりました。

●ＨＳＵ　「現代の松下村塾《しょうかそんじゅく》」として開学した「日本発の本格私学」（創立者・大川隆法）。「人間幸福学部」「経営成功学部」「未来産業学部」「未来創造学部」の４学部からなる。未来創造学部では、２年制の短期特進課程を併設し、１・２年次共に東京キャンパスで授業を行う。写真は千葉の長生《ちょうせい》キャンパス。

そこには、ＴＯＥＩＣ《トーイック》の点数が一生懸命《いっしょうけんめい》並べられているので、ＴＯＥＩＣが何点以上の人だったら、「国際系の職員を狙《ねら》っているのかな」などと思ったり、あるいは、「ＴＯＥＩＣで高得点は取るわ、秘書検定は取るわ」というような人であれば、「宗務《しゅうむ》系あたりを考えているのだろうな」と思ったりもします。

やはり、その人が履歴書《りれきしょ》に書いているものを見れば、どのようなことを考えているのかは分かるものです。

そのように、何か、〝馬に乗って押《お》し寄せてくる〟ような感じがするので、先に入局している職員は、そういった人たちに、だんだん追いかけられるようになるのだなと思うと、「大変だろうな。かわいそうに」と感じます。

例えば、学生時代の英語の成績だけを見ても、すでに今いる職員たちがかなり負けているのは明らかなのです。そうなると、五歳《さい》上、十歳上、十五歳上、二十歳上の上司は、そういう人が入ってきたときにどう思うでしょうか。入ってくる本人にしてみれば、「とにかく、HSUでは、『これ以上の成績を取らないと卒業させませせん』と言われるので頑張ったのです」というようなことかもしれません。本人はそのつもりで、一生懸命、〝パッカパッカ〟と夜《よ》も寝《ね》ずに頑張ってきたのに、上司になる人から見れば、「うわっ、嫌《いや》な感じがする。うちの部署は国際部門でもないのに、なぜ、このような英語のできる人が来るのだ」というようになったりするのではないでしょうか。

このあたりは難しいところです。「努力した」ということが、必ずしもストレートに上の引きを意味するかどうかは分からないわけです。

もちろん、運・不運があって、「そういう人が好きだ」という上司もいるでしょうから、そうした部署に行ければ、それはよかったということでしょう。

なかには、「自分よりもよくできる人が欲《ほ》しかった」という上司もいるかもしれません。

「今、自分がＴＯＥＩＣなんか受けたら、二、三百点ぐらいしか取れないに決まっている。もう、年だから目が見えん。あんなに小さい字を速い速度で読んで問題を解くなんて、そんなのできるわけないじゃないか。受けないほうが身のためで、受けるなら『英検Jr.《ジュニア》』のレベルに変えられる可能性がある」という先輩《せんぱい》・上司もいるとは思うのです。

そのように、「能力のある人が来たら、こういう分野で使えるかな」と思って起用できる人もいると思いますが、そうではなく、だんだん押し込まれて「きついな」と思う人もいるでしょう。

それから、ＨＳＵの未来創造学部であれば、今、スターになりたいようなタイプの人も年次ごとに続々と入ってきています。ただ、「あとから入った人」が「先に入った人」よりも能力や才能が劣《おと》るかどうかは、それは分かりません。書類審査《しんさ》や面接ぐらいはできると思いますが、演《や》っているうちにだんだん変わってくることもあります。先輩・後輩が引っ繰《く》り返ってしまうことだってあるかもしれません。

そういう意味で、非常に厳しいところはあるでしょう。

「自分よりも能力の高い人」を使うために必要なもの

いずれにせよ、若い時代であれば、個人の能力をできるだけ伸《の》ばしたほうが評価はされやすいのですが、中堅《ちゅうけん》から上になってくると、それだけでは済まなくなってくるということです。

要するに、「メンバーを使いながら、チームとして成果を出せるかどうか。トップは、自分よりも能力の高い人を使えるかどうか」という問題は出てくるわけです。

これは厳しいことでしょう。アメリカの鉄鋼王であるアンドリュー・カーネギーは、「自分より賢《かしこ》い人を集めて使った者、ここに眠《ねむ》る」というような言葉が墓碑銘《ぼひめい》に書かれていますし、小渕恵三《おぶちけいぞう》元総理などもそういうことを言っていたようではあります。ただ、現実には、能力の高い人をそれほど使えるものではないことも事実です。

やはり、能力の高い人を使うには「徳」が要《い》ります。徳がないと使えないのです。

あと、あるとすれば、「年齢差《ねんれい》」ぐらいでしょうか。

例えば、劉備玄徳《りゅうびげんとく》が諸葛孔明《しょかつこうめい》のことを使えたとはいっても、年齢が二十歳ぐらい離《はな》れていたわけです。この差は大きかったと思います。もし同年齢であれば、軍師から、「この人は頭が悪いなあ」などと思われたりすると、なかなか使いにくいところもあったのではないでしょうか。

やはり、劉備とは二十歳ぐらい違っていたこともあって、孔明としても、「若いのに抜擢《ばってき》してくれた。それに応《こた》えなければならない」という気持ちがあったのだろうと思います。それから、劉備のほうが人間として長く生きている分、〝人間通《つう》〟の部分もあったでしょうから、孔明にとっても学ぶところがあったのではないでしょうか。

そのように、リーダーになっていく道はなかなか厳しいのです。

「道を説く者」の心構え①――真面目《まじめ》であること

幸福の科学の職員を例にとれば、職員組織のなかでは末端《まったん》にあったとしても、その外には在家《ざいけ》の組織や一般の世界が広がっているわけです。だから、自分としては大したことがないと思っていても、基本的に、人に対して道を説く立場にあるのです。

その意味では、学校の先生が、役職は平《ひら》であっても「先生」であることには変わりがないのと同じです。学校の場合は、英語科主任ぐらいの立場であれば、すぐ上が教頭や副校長、校長になるのではないでしょうか。

幸福の科学においては、入局一年目の人であっても、支部長に任命されることもあります。そうすると、支部には、自分の親や祖父母の年齢に当たる人もいるので、「そこで支部長をせよ」と言われるのはかなり厳しい話であるはずです。まともにいけば、信者からの人生相談を受けても、「この支部長は、あまりにも頼《たよ》りない」ということで、逆に説教されるというのが普通《ふつう》でしょう。

そのように考えると、これはなかなか大変なことではありますが、それをあえて「やれ」と言われた場合は、どうすればよいのでしょうか。

まず、「教学をきちんとしているかどうか」というところについては、相手も感じ取るところがあります。

また、「若い人であっても、この人なら我慢《がまん》してもいい」と年上の人に思われるには、やはり、「真面目《まじめ》である」ということが大きいでしょう。真面目な人の場合、今はまだ若いために実力が少々届いていないところがあったり、できていなかったりしても、将来的には伸びる可能性があるのです。

そういう意味で、「真面目である」ということは大きいと思います。そのことをあまりなめてはいけません。

例えば、「漫才師《まんざいし》や落語家は面白《おもしろ》いことを言っているので、不真面目な生き方をしているのかな」と思う人もいるかもしれませんが、プロとして生き残るには、彼らもそうとう厳しい修業をしているのであって、必ずしも私生活が不真面目なわけではありません。やはり、勉強家でなければ残れないのです。

あるいは、「マンガ家はけっこう面白いことを描《か》いているから、よっぽど面白い人生を送っているのかな」と思う人もいるかもしれません。しかし、そんなことはないのです。仕事能力をどう上げるかを考えなければ、自分自身も食べていけないし、家族も食べさせられない世界になっています。

手塚治虫《てづかおさむ》のような人であっても、アニメにも手を出したところ、時間がなくなり、原稿《げんこう》待ちの編集者が四人も仕事場に来て待ち構えているような感じになって、トイレの窓から逃《に》げ出したこともあったようです。

けっこう厳しいものですが、そのように、トイレから逃げ出して、映画館に立てこもるといったことも起きてくるかもしれません。

ですから、仕事の内容が面白いから、面白く描けさえすればよいかといえば、そんなことはなく、きちんとしていて真面目でなければできるものではありません。

やはり、「真面目で勤勉、努力家である」ということは、リーダーになっていくためには非常に大事なことなのです。

「道を説く者」の心構え②――嘘《うそ》をつかず、「正々堂々の陣《じん》」で戦うこと

それから、人間として、嘘《うそ》を言ったり、ごまかしたり、はぐらかしたりすることもあるかもしれないし、そうしたくなることもあるとは思いますが、あまりに言葉が軽すぎると、他の人からの信用を失っていきます。したがって、できるだけ正論を言ったり、自分が正しいと思うことを語ったりするなかで、仕事が進んでいくように努力しなければいけません。

明らかな嘘を言って相手を丸め込むようなことによって、一時期は成果をあげることがあったとしても、最終的には、「あれはないんじゃないですか」と、

いろいろな人から言われるようになるでしょう。

たまには、そういう〝奇襲攻撃《きしゅうこうげき》〟が効くこともあるかもしれませんが、やはり、たいていの場合は「正々堂々の陣《じん》」で戦うことが大事であり、それによって勝利することが基本ではないでしょうか。

5　人が「大人になる」瞬間《しゅんかん》

それは「公《こう》」と「私《し》」をわきまえた言動か？

最近、私は「公《こう》」と「私《し》」の問題ということをよく言っていますけれども、これは、なかなか分かるものではないでしょう。何回言ったとしても、本当はその立場に立たないかぎり分からないはずです。

しかし、その立場に立って分かったときには、たいていの場合、すでに手遅《ておく》れか、そうとうなダメージを受けた状況《じょうきょう》になっているのではないでしょうか。

本人が明らかに納得《なっとく》するところまで分かるときには、もはや、そうとうなダメージを受けている状況であることがほとんどです。ひどいときには、「日本国中が知っている」というような状態になる場合もあるので、今まで知られていなかった分だけ、差は極端《きょくたん》に出るわけです。

例えば、幸福実現党の釈量子《しゃくりょうこ》党首が、どこかのエッセイに、「独《ひと》りで温泉へ行く趣味《しゅみ》がある」と書いていたと思うのですが、そこには、「大雨が降ったあと、温泉に浸《つ》かっていたら、ゆでガエルが浮《う》いていた」というような話がありました。

それだけならよいのですが、もし、「調べてみたら、実は、行く先々で、腹いせに、温泉のなかにカエルを百匹《ぴき》ぐらい投げ込《こ》み、浮かせて帰るという癖《くせ》があった」とか、「選挙で落選した人の数だけカエルをゆでて、温泉から帰ってくる」などといった趣味があると発覚したならば、どうなるでしょうか（笑）。もし、そんなことがあったら、面白《おもしろ》すぎるので、日本国中に一気に広がってしまうかもしれませんが、そこから逃《のが》れるのは大変でしょう。どのようにして言い逃れするのかを考えると、極《きわ》めて難しいものがあるとは思います。

「万一《まんいつ》の食糧難《しょくりょうなん》の時代に備え、カエルの養殖《ようしょく》をやっていました」と言うかもしれないし、「あまりにもカエルが好きなので、じっと見つめているうちに、向こうがゆだってしまいました」と言うかもしれません。

そのときにどう答えるのかは分かりませんが、そこまで行く前に、なるべく自分で察知《さっち》してほしいところです。「この話は面白いかもしれないけれども、もしかしたら、プラスにならないほうで面白がられて知られることになるんじゃないか」と思ったら、そういうことには少々気をつけなければならないでしょう。

大人になると、「小さなミス」でも許されなくなる場合がある

医者のような仕事をしている人であれば、特に厳しいところがあるかもしれません。

例えば、手術をしたあとに患者《かんじゃ》が死んでしまったという場合、「あとで、なぜ死んだのかを調べてみたところ、体内からメスが出てきた」というようなことが時折あります。こういうことは、恥《は》ずかしいを通り越《こ》して、あってはならないことでしょう。

あるいは、遺体を火葬場《かそうば》で焼いたときに、お腹《なか》だったあたりから骨と一緒《いっしょ》に

医療《いりょう》器具が出てきたとしたら、これはおそらく大騒《おおさわ》ぎになるでしょう。忙《いそが》しくてバタバタとしているなかでは、そのように何か忘れてしまうこともあるかもしれませんし、ときには、慌《あわ》ててお腹を縫合《ほうごう》してしまうようなこともあるかもしれませんが、許されないものはあると思います。「亡骸《なきがら》を火葬場で焼いたら、なんと、そのなかから医療器具が出てきた」などと、週刊誌なりスポーツ紙なりで記事に書かれたら、もう終わりでしょう。これはかなり厳しいと思われます。

そうなったら、マスコミのないところ、よほど人に知られないところにでも移って隠《かく》れるぐらいしかないかもしれません。「Dr.《ドクター》コトー診療所《しんりょうじょ》」（二〇〇三～二〇〇六年放送のＴＶドラマ）に出てくる志木那島《しきなじま》のような感じのところに行って、しばらく修業していると、そのうち忘れてくれる可能性もあるでしょうが、すぐにはなかなか厳しいのではないでしょうか。

そういうわけで、「大人になる」ということによって、だんだん責任が出てきますし、小さなミスでもあげつらわれることがあります。

それから、立場が上がると、「あなたは、ここをミスした」といったことを、周りの人も正直には言ってくれなくなります。そのようなことを言うと逆襲《ぎゃくしゅう》される場合もあるので、言わない人もいるでしょう。そのため、大きな失敗につながることをしていたとしても、自分では気がつかないときもあります。このあたりは厳しいものです。

「親の七光り」や「遺伝」だけでは成功できない

以前、あるテレビ番組で、芸能人の二世のことについて取り上げていました。「母親が女優」とか「父親が俳優」といった人たちがどうなっているかを辿《たど》る内容で、一時間ぐらいの番組でした。

それを観《み》ると、二世たちはみな、苦労しているようです。

例えば、「オーディションを百回ぐらい受けて、ことごとく落ちました」という人が出ていました。また、ヒップホップダンスをしているという人は、何百人か受けたオーディションで最後の五人に入り、「これで優勝さえすれば道が拓《ひら》ける」と思って、女優の母親が観ている前で決勝に挑《いど》んだものの、残念ながら、優勝はほかの人でした。レッスンの高い授業料ぐらいは稼《かせ》ごうと、焼き鳥屋でアルバイトもしているそうです。

ほかの人もみな、本業以外のアルバイトをするような話が出てきました。

その二世芸能人たちは、親に似て、よい顔立ちをしているのですが、彼らが意外と真面目《まじめ》であったところは、少しホッとしたところではあります。

ただ、やはり、何か〝武器〟をつくらないと出られないということで、芸を身につけるべく乗馬の練習をする人もいました。そうすれば、時代劇に出られる可能性も出てくるのかもしれません。

二世芸能人の彼らも、何か芸を身につけようとしてやっているわけですが、なかなか出られずにいるのを嘆《なげ》いてはいました。「親の七光りの重みは十分に感じています。感じてはいるけれども、どうにもなりません」「オーディションを受けても受けても、落ちます。なぜか分からないのですが、通らないのです」という感じだったのです。

とにかく、何年かやっているうちに諦《あきら》める人もいれば、アルバイトをしながら道を目指している人もいましたが、なかなか難しいのでしょう。そうでなければ、ほかにも新しい人が出てきてスターになったりはしないはずです。

このように、遺伝の面もあるとしても、親子であっても、親と同じような成功はできない方もいます。

これは、医者にしても同じようなところはあるでしょう。

開業医などは特にそうかもしれません。病院を開くにも初期投資が要《い》るし、運転資金も継続《けいぞく》的にかかるため、四千万円ぐらいは収入がなければ、とてもではないけれどもやっていけないでしょう。

また、子供が医学部に入れるか、医師の国家試験に通るかということも大変なところではありますが、それだけでまだ終わるわけではなく、実際に開業医をやってみたところで、金銭感覚や経済的才覚がなかったら潰《つぶ》してしまうこともあります。このように、なかなか難しいものです。

とにかく、世の中はどこも厳しいものだと思ったほうがよいでしょう。

したがって、大きな希望を持つことも大事ではあるのですが、自分に対しては、あまり緩《ゆる》く判定せずに、着実に何かを継続して自分のものにしていくことが大事なのではないでしょうか。

やはり、どの道も厳しいものです。本当に厳しい。そのことをつくづくと思いました。

「能力主義」だけでは測《はか》れないものがある

ちなみに、幸福の科学では、出家《しゅっけ》した職員を対象に「黒帯英語検定」という試験を実施《じっし》しています。先般《せんぱん》は「黒帯英語検定四段」を行いましたが、国際本部の職員などは全員受けさせられるため、厳しいものです。

本当に、管理職の人には同情します。若くて暇《ひま》な人ほど高得点を取る可能性が高く、仕事で飛び回っている人ほど取りにくいので、やりにくいでしょうし、嫌《いや》だろうとは思います。「管理職であれば、すでに得点が高くなければいけない」と言いたいところでしょうけれども、なかなかそういうわけにもいかないところはあります。そこでの成績の差の部分を、何か別の力でカバーしなければばならないのは、実にきついことでしょう。

また、年に一回、幸福の科学の職員を対象にした教学試験をしており、仏法《ぶっぽう》真理《しんり》の書籍《しょせき》十数冊を中心として出題しています。採点の都合《つごう》上、主に客観式試験で行うのですが、昔、「〇〇点以下だったら還俗《げんぞく》（在家《ざいけ》信者に戻《もど》ること）とする」ということで行《おこな》ったときもありました。

そのとき、「まあ、七十二点ぐらいは取れるだろう」ということで問題をつくってみたものの、実際に試験を行ったら、肝心《かんじん》の理事長が七十二点ちょうどだったのです。「うわあ、ギリギリだけれども、どうしよう」という話になりました。

結局、「いや、お忙しかったのでしょうね。でも、この人は、経費削減《さくげん》能力が高いから、まだ取り柄《え》もある。この人が一人いるだけで、年間何十億円も経費が削減できる。それは、この点数には換《か》えがたいものがある。一千万円を一点と数えると、やはり、このくらいの貢献度《こうけんど》になるのではないか」などという感じで、下駄《げた》を履《は》かせるわけではありませんが、多少、〝変換《へんかん》〟して読まなければいけないところもあったのです。

そのように、能力主義とはいっても、その「能力」というものが一面を測定するだけのものであるならば、それですべてというわけではないので、ほかのものも併《あわ》せて見なければならないところもあるでしょう。

「我慢《がまん》強さ」も能力のうち

ただ、いずれの道であろうとも厳しいと思っておいてください。

能力があっても、能力のある者はある者同士でぶつかったりすることもあります。

最後は、「我慢《がまん》強さ」も能力のうちなのです。もし、わがままに育ち、それが抑《おさ》え切れないという場合には、やはり、生きていく能力としては、サバイバル能力が足りないことを意味します。たとえ、わがままを抑えられない人に能力があったとしても、わがままを抑えられる人のほうが長く勤めて取り組むことができるので、結局は、「いい仕事」をなす場合もあるわけです。

そういったわがままを抑えるためには、やはり、謙虚《けんきょ》に、正直に、努力を続けていき、人が見ていようがいまいが、その姿勢を貫《つらぬ》いていくことが大事なのではないかと思います。

いずれにせよ、「大人になる」ということは、それほど簡単なことではありませんが、これからの人にとっては、どこかで「大人になったな」と思われる瞬間《しゅんかん》を通過しなければいけないわけであり、そういうものがプラスアルファの能力になっていきます。心して努力していってください。

第2章

「器《うつわ》の大きさ」と「言葉の重み」(質疑応答)

二〇一八年一月十一日
東京都・幸福の科学総合本部にて

Q1 「責任感のある大人」になるための秘訣《ひけつ》とは

質問者A　本日の御法話《ごほうわ》（第1章）では、「大人になる」ということのキーワードとして、「責任」というものがありましたが、学生や若手職員のうちから、勉強や与《あた》えられた仕事を勤勉に真面目《まじめ》にこなしていきながらも、この「責任感」を感じられるように成長していく秘訣《ひけつ》があれば、お教えいただきたいです。

また、上の立場にいる人が、責任感のある人材を育てようとする際のポイントがあれば、ぜひ、ご教授を賜《たまわ》ればと思います。よろしくお願いいたします。

天性のリーダーを見分ける基準――「責任感」

大川隆法　これについては、本当は、「天性の素質」がかなりあるような気がします。テストの点数などでは分からないものですが、「責任を感じるかどうか」ということが、「天性のリーダーであるかどうか」を見分ける基準だと思うのです。

例えば、中高生であっても、部活でキャプテンやマネージャーなどをしている場合、やはり、責任を感じて仕事をしているとは思いますが、ここが、天性のものが出てくるところなのです。

逆に、「責任を小さくしたい」とか、「逃《に》げたい」などという気持ちが特に強い人は、あまり、大勢の人を使う立場に立つべきではありません。

そういう人は、職人的に、なるべく自分一人で仕事ができるようなところや、その周辺あたりの仕事を目指すか、あるいは、「淡々《たんたん》と給料分だけ働けばよい」というように割り切ることも一つではあるでしょう。給料分だけは働いて、残りの時間については、自分の趣味《しゅみ》や、したいこと、楽しいことなどをして生きるという生き方も、一つにはあると思います。

職場にも家族にも責任が取れる仕事の熟練度

責任にも、「自分自身にも責任が負えないレベル」から、「家族に責任が負えないレベル」、「会社等の課や部など、もっと大きなところに責任が負えないレベル」など、いろいろあるでしょうが、このぶつかり合いは、わりにあると思うのです。

例えば、夫婦《ふうふ》の問題で言えば、次のようなことが考えられます。

夫婦のなかには、共働きのところもあるでしょうから、夫が妻から、「私はＰＴＡの集まりがあるから、今日の幼稚園《ようちえん》の迎《むか》えはあなたが行ってよ」というようなことを言われるとします。そのように、夫のほうが妻から、「子供の幼稚園の迎えに行かなければいけない」というように命じられることもあるでしょう。

ところが、夕方になってくると、会社を抜《ぬ》けたいけれども、微妙《びみょう》に抜けられない雰囲気《ふんいき》になっていることはあると思います。今日は、わりあい仕事が忙《いそが》しくて、抜けると危ない雰囲気がしており、何だかんだしているうちに、ズルズルと遅《おく》れてしまうというようなことはあるのです。

一方、妻のほうも、上の子のＰＴＡや、ほかの仕事をしているために、下の子を迎えに行けず、その結果、どちらも迎えに行くのが遅れてしまい、幼稚園から、「あなたのお子さんが一人、残っている」という感じで電話がかかってきたりすると、あとで夫婦喧嘩《げんか》になったりするようなこともあるでしょう。

そういうことで、責任でも、ぶつかり合うものもあるわけです。

あるいは、「会社への忠誠心」対「夫婦の約束」や「親子の約束」など、いろいろなものがかかってくることもあります。そのため、そのつどどう判断し、何かを選んだ場合には、選ばれなかったもの等をフォローする努力ができるかどうか、あるいは、罵声《ばせい》を浴びて、「以《もっ》て瞑《めい》すべし」となるか、というところはあるでしょう。

やはり、いろいろな経験を積むにつれて熟練していき、責任も上手に取れるような仕事の仕方を、工夫《くふう》して身につけていかなければなりません。

例えば、作家などと結婚《けっこん》しても、締《し》め切りまでに原稿《げんこう》が書けないと暴《あば》れたりすることはけっこうあるようなので、怖《こわ》いものです。

最近では、新年早々に、ある評論家の方が十代の妻に暴力を振《ふ》るったという記事が書かれていました。そういうものを読むと、私などは、「もしかしたら、原稿のことで困って、暴れたりしているのかな」などと想像してしまうこともあるのですが、そうしたことはありえるでしょう。

そのように、家族に責任が取れないレベルの仕事能力だと、厳しいこともあると思います。そのあたりは、全体を考えなければいけないでしょう。

ですから、「自分自身が責任を感じるかどうか」というところは、天性のものもあるかとは思いますが、一方で、そういう役を引き受けて、こなしていくうちに、「責任感」というものが強く盤石《ばんじゃく》なものになっていき、リーダーの自覚が出てくることもあるのです。

責任感のある人を育てるには

・「長所を使おう」という気持ちを持つ

次に、「責任感のある人を育てるにはどうしたらよいか」ということですが、基本的に、組織のリーダーになるには、〝暗黒思想〟の持ち主では無理であり、人のよいところが見えなければなりません。長所が見えなければ駄目《だめ》なのです。

そして、「その長所を使おう」という気持ちを持ち、部下を見ていて、「この人は、こういう長所を持っているな」と思ったなら、その長所が生かせる場はないか探し、生かせる場があったときには、その人に、「こういうのをやってみないか」と声をかけてみることです。すると、相手の部下のほうは、「自分ではまだ十分ではありません」と言うこともあるかもしれませんが、「七、八割できればあとはフォローするから、頑張《がんば》ってやってみろよ」というようなことでトライさせてみるわけです。そうやって勇気づけることが大事なのです。

それで山を一つ越《こ》えると、自信が出ることもあるでしょう。あるいは、一つ山を越えても、次の仕事をやらせてみたら、今度は失敗してクシャッとなることもあるでしょうし、その次も、また失敗することもあると思います。

ただ、そのように上がったり下がったりを何度も繰《く》り返すうちに、勘所《かんどころ》をつかんでくる人もいるわけです。

・「器」を大きくし「打たれ強さ」を身につける

また、「責任」と「プライド」のところも、わりと関連しています。

プライドが強い人は責任感も強い場合があるのですが、プライドが強くて責任感がないタイプの人は、もはや手に負えないところがあります。「プライド的には、自分を宇宙空間までも打ち上げていきたいほどのものがあるけれども、責任だけは、できるだけ少ないほどよい。アリ一匹《ぴき》でも重い」という感じの人もいるのです。

ただ、このタイプは、何となく嫌《きら》われる雰囲気が出てくる場合もあれば、明確に嫌われる場合もあります。「生まれつきの役人気質《かたぎ》」と言えば、そういうところもあるのかもしれませんけれども、気をつけなければいけないところでしょう。

出世を目指さないタイプの人の場合、意外に家庭的なこともあるので、家ではよい父親だったり、よい母親だったりすることもあります。一方で、会社への忠誠心だけでやっていると、なかなか家に帰ってこない人もいるので、子供から見れば、「ひどい親だ」と思うこともあるでしょうし、部下から見ても、責任感があるように見えるか、見えないかということに関しては、やや疑問があるところでしょう。

ただ、とりあえず、上の立場でも下の立場でも言えることは、やはり、「器《うつわ》を大きくしよう」という気持ちは、いつも持っていたほうがよいということです。

子供の遊びではないので、仕事をしていて、最後まで怒《おこ》られずに済んだ人など、いはしません。子供の遊びでも、ときには親に怒られることもありますが、仕事をしていて、失敗しなかった人もいなければ、怒られたことがない人など、いはしないのです。

チャレンジするかぎり、絶対に失敗は出るものなので、「打たれ強さ」というものも要《い》るでしょう。

・諫言《かんげん》を聞く「度量」を持つ

また、人の上に立つと、周りの人からの諫言《かんげん》というか、「あなたのここが悪いよ」といったことを聞く度量が必要になります。それをまったく聞けなくなってくると、耳に入らなくなってくるので、危険度は増していきます。

こういう意味でも、「自我《じが》から真の自己への発展」を続けていかなければいけないわけですが、そのなかに器自体を大きくする修行《しゅぎょう》が入っていないと、上から叱《しか》られても、下から突《つ》き上げられても、なかなかそれを聞けるようにはなりません。それは傷つきたくないからでしょうが、こうした「小さなセルフ(自我)」というのは、基本的にはリーダーの器ではないように思います。

・その人の「分限《ぶんげん》」を教えておく

もちろん、無責任というのもいけません。「何でも好きなようにやれ。責任は俺《おれ》が全部、取ってやる」と言うのは簡単ですが、実際にはなかなか取れるものではないので、口だけでは駄目なのです。

こうしたことに関して、この仕事を始めたころの私は、次のようにしていました。

相手の癖《くせ》や傾向《けいこう》などを見ていって、「○○さんにこの仕事を任せたらどうするだろうか」と想像したら、「このあたりで危なくなるだろうな」と予想がついたので、「危ないな」と思うところについては事前に〝釘《くぎ》を刺《さ》して〟いたのです。当時、私は三十代であり、自分より年上の人を使っていましたが、「この人は、おそらくあのあたりで危なくなるな」と思うところや失敗しそうなところがあれば、「こうなったときには気をつけてください」、「その場合には、私に一声《ひとこえ》かけてください」、「ちゃんと相談が要りますからね」などと釘を刺すわけです。

また、その人の〝限度額〟というか、「この程度まではやっていいけれども、これを過ぎた場合は、ほかの人や上の者と相談しなければ駄目ですよ」という分限《ぶんげん》を教えておくのも大事なことだと思います。やはり、無制限に「期待しているからな！　好きなようにやれ！」と言うだけでは駄目であって、そのへんの分限をある程度教えておく必要があるでしょう。

そうするに当たっては、人によって忠誠心や正義の心が強いタイプの人と、そうでない人がいるので、このあたりもよく見抜いたほうがよいと思うのです。

例えば、「この人は、誰《だれ》も見ていないところでお金をごまかしたりはしない人だ」とか、「この人は、会社や組織に対する忠誠心がきちっとしているから、危なくなったら言ってくるだろう」とか、「私に知らせておくべきだと思ったら、言ってくるだろうな」とかいうように安心できる人もいれば、そうでない人もいます。このへんを見分けていったほうがいいだろうと思うのです。

ともかく、「責任感も能力の一つなのだ」ということを知っておいてほしいですし、これは経験によって磨《みが》かれるものでもあります。そのため、チャンスがあれば、責任ある立場に就《つ》けてみるのもよいと思うのです。

・「中間報告」や「相談」があったかどうかがポイント

ただし、無制限にポンッと置いたらいいというわけではなくて、失敗しそうなところについては、釘を刺しておくなり、限度を教えておくなりしてください。「あなたが判断できる限度はこのくらいまでですよ」「無制限、青天井《てんじょう》ではないですよ」ということを言っておかなければいけません。

たとえ人事局であっても、「いくらでも採用してよい」などということはないでしょう。当然ながら、財務局や経理局、事務局など、ほかの局との相談もあるはずです。

あるいは、財務局だからといって、「お金が使い放題になる」などということともありえません。組織全体の方向性や決算、マネーフロー、キャッシュフローの現状によって限度が出てきて、そのへんの「見切り」を入れる必要があるでしょう。

そのように、任されていると思うものに対する限度がどのくらいかを教える必要があるのです。また、部下としては、その限度を大きくしてもらえるような、いい仕事をしていかなければいけないということです。

初めは、誰であっても、やったことのない仕事はできないものなので、まずは手ほどきから始めて、だんだんと責任を持たせていき、大きな仕事ができるようにしていってください。

一足飛《いっそく》びにやろうとしすぎると、どうしても失敗が多くなりますが、プライド過多で、責任ということに関してオール・オア・ナッシング的にしか考えないタイプの人は、やや頭が粗雑《そざつ》で、少し危険があるのです。こうした人については、ブレイクダウン（細分化）というか、「自分のやれる範囲《はんい》とそうでない範囲とに分けて、自分のやれない範囲の問題が出てきたら、こまめに中間報告や相談をするようにしたかどうか」が、チェックポイントになります。

やはり、「最終的な失敗に至《いた》るまで報告がなかった」ということでは問題があるでしょう。

「自分の限度では、全部の判断は無理かな」と思うものについては、「こういうことをしたけれども、今、このようになっています。このままではこうなりますが、どうしましょうか」といった中間報告が、ある程度要るのです。最終結論まで責任を取れない場合には、そういうことが必要であると思います。

大人としての「信用」は、どうしたら出てくるか

結局、実績相応に「判断権」や「責任能力」は出てくるので、そのあたりは客観的に自己認識をしておいたほうがいいし、他人《たにん》に対してもそういう目で見たほうがいいでしょう。つまり、「この人に、この仕事を任せていいかどうか」というようなところです。

そういったことに関して、商社時代の私について言えば、生意気《なまいき》だっただろうとは思いますが、会社の中枢《ちゅうすう》部のほうは、「彼がいるところで何か会社に危険が及《およ》ぶようなことがあったら、必ず言ってくるだろう」というように信用してくれていました。

私はニューヨークに行っていたこともありますが、邦人《ほうじん》スタッフの数は少ないので、勝手なこともやれるわけです。そのころ、ほかの銀行などでは数百億円もの損失を出したりしていたのですが、「うちの会社のほうにも何かあったら、彼は言ってくるだろうな」というように、信用されていました。そして、私がほかの部署へ行っても、同じような感じで見られていたのです。

やはり、「信用」というのは外側に出てくるところがあるので、なるべくそういうように自分をつくっていかなければいけないと思います。

また、不思議なことに、私が名古屋《なごや》にいたときにも、「あなただったら、東京からタクシーに乗って『名古屋までお願いします』と言っても、たぶん走ってくれるだろう」などと言われたこともありました。普通《ふつう》は、タクシーは名古屋まで走ってはくれないだろうと思いますが、そういう〝オーラ〟が出ているということでしょうか(笑)。

余談ですが、「名古屋までタクシーで行った」という話として、このような話を聞いたことがあります。笑い話のようですが、昔、ある新幹線が、車掌《しゃしょう》が外のトイレに行っている間に発車してしまい、乗り損《そこ》ねた車掌はタクシーを拾って名古屋まで追いかけたといったことがあったそうです。

もちろん、新幹線のほうが速いので追いつけるわけもありませんが、名古屋までタクシーで追いかけた車掌の話が新聞記事に載《の》っていて、「追いつけないのは計算上分かっていることなのに、それでも追いかけたというのは健気《けなげ》である」といった批評が、一部出ていたと思います。

新幹線は一分ぐらいしか停まらないので、何かの隙《すき》に乗り遅れてしまうこともあったのでしょう。

もっとも、これは私の話とは別であり、私自身はそれほどうっかりはしていませんが、やはり、車掌としても、居ても立ってもいられなかったのだと思います。本来、自分が乗っていなければならない新幹線に乗れなかったため、「少しでも、一歩でも近くに寄りたい」という気持ちに駆《か》られてのことだったのは、分からないこともありません。賞罰《しょうばつ》がどうなったのかは分かりませんが、タクシーに乗って追いかけた分だけ、少しぐらいは斟酌《しんしゃく》してもらえたのではないかという気がします。

こういったものは難しいところでしょう。ミスはしたものの、律儀《りちぎ》であったところは、多少の〝かわいげ〟がなくもないと思います。

貴乃花《たかのはな》親方の行動は「大人」だったのか

少し前にモンゴル出身の横綱《よこづな》による暴行事件があり、日本相撲《すもう》協会の臨時評議員会で貴乃花《たかのはな》親方が理事を解任されました。貴乃花部屋の力士が暴行を受けたため、彼は警察に届け出をしたわけですが、「相撲協会への報告を怠《おこた》った」ということで紛糾《ふんきゅう》し、結局、貴乃花親方は理事を解任されたのです。

これはどういうことでしょうか。

要するに、貴乃花親方が相撲協会のほうに、「横綱からの暴行があった」と言ったとしても、協会としてはそれが外に漏《も》れたら困るので、隠蔽《いんぺい》にかかることはほぼ決まっているでしょう。暴行を受けた力士を説得して黙《だま》らせ、〝なでなで〟して終わりにするわけです。普通は、隠蔽して外に漏れないようにするに違《ちが》いありません。

しかし、貴乃花親方としては、「そういうことはさせないぞ」と思って警察に届け、事件性を立てたのだろうと言われています。

それには、「先の理事長選で負けたことへの復讐《ふくしゅう》も入っていたのではないか」という噂《うわさ》もあって、「『事件が起きて、うまくいけば現理事長が引退して、また理事長選を行うかもしれない』と計算したのではないか」というような観測をする人もいました。

それを相撲協会のほうから見れば、「横綱を経験して相撲協会の理事を務めている者としては、大人気《おとなげ》ない」という判定になるわけです。

本来であれば、内部的に処理したいことなのに、日本国中に知られたら横綱の権威《けんい》も丸潰《まるつぶ》れになるし、場合によっては、「モンゴル出身の力士は要らない」ということになる恐《おそ》れもあるので、大騒動《おおそうどう》になって、理事長のクビがかかるかもしれません。

そういう案件であるため、相撲協会側から「大人気ない」という判定が下《くだ》され、それだけで理事解任になることもあるという事件でした。

ハリウッドのセクハラ問題に見る「責任の範囲《はんい》」と「自分の分限《ぶんげん》」

また、最近ではハリウッドでもセクハラ問題等がたくさん出てきていますが、なかなか厳しい問題はあると思います。

要するに、女優が複数いて、どの女優を登用すればよいかが分からない場合、監督《かんとく》やプロデューサーあたりが誘《さそ》って、「ちゃんとついてくるかどうか」という〝踏《ふ》み絵〟を踏ませるのでしょう。ただ、「ついてきた人にはいい役を与えるが、ついてこなかった人は要らない」というような、「選べる立場」に立ってそういうことをすると、あとから復讐されるわけです。

女優たちが授賞式に黒装束《くろしょうぞく》で出席し、赤絨毯《じゅうたん》の上で抗議《こうぎ》するようなことが起きていますが、やや厳しくなってきています。

おそらく、全体がうまく回っているときには言われないのでしょうが、うまく回らなくなってきたときには、いろいろとそういうものが出てくるのだと思います。

例えば、監督の〝好き嫌い〟で人を選んでいるときに、実力にはっきりとした差があるなど、フェアでないことが明らかである場合には、訴《うった》えてくることもあるでしょう。

いろいろなことを述べましたが、やはり、「責任の問題」というのは難しいところがあります。いずれにしても、経験を積み、自分の分限《ぶんげん》を知りながら前進していくうちに、「自分で責任を負える範囲《はんい》」もだんだん広くなってくるのではないかと思います。

Q2　大人としての「言葉の統御《とうぎょ》法」

質問者B　言葉の統御《とうぎょ》について質問いたします。

「大人になるということ」には心の成長が伴《ともな》わなければいけませんが、それを測《はか》る指標の一つとして言葉の統御があると思います。御法話《ごほうわ》（第1章）のなかでも、「自分を客観視できているかどうかが大切である」とお説きいただきましたが、自分の発した言葉が相手にどのように捉《とら》えられているのかが分からずに、「まだ大人になっていない」と判断されてしまう人も多いと思います。

そこで、心の成長という観点から、「大人としての言葉の統御の方法」をご教示ください。

受験勉強などを一生懸命《いっしょうけんめい》すると、
他人《ひと》の失敗や欠点が目につくようになる

大川隆法　言葉の統御については私も十分に苦労したので、その難しさはよく身に沁《し》みているのですが、意外に、宗教家になるための訓練になったところではあります。

みなさんがどうなのかは知りませんが、受験勉強などを一生懸命《いっしょうけんめい》すると、やたらと細《こま》かいところに目が行くようになったりします。例えば、穴埋《う》め問題や引っ掛《か》け問題を解いたりしているうちに、「これは引っ掛けではないか」「これは罠《わな》ではないか」というように、いちいち気になってきて、頭が非常に細かくなるのです。

ただ、これは競争によって、五十万人ぐらいの人に一定の序列をつける必要があるために行《おこな》っていることなので、しかたがありません。しかし、そうした引っ掛け問題ばかり解いていると、その後の仕事や人生のなかにおいても、その傾向《けいこう》が残ることはあります。

したがって、「自分は頭がいい」とか、「頭の回転が速い」とか思うような人は、高校を卒業して大学を卒業するころあたりまで、他人《ひと》の欠点がよく見えるような気がすると思うのです。私もそうでしたから、おそらく、ほかの人もそうではないでしょうか。

そのように、この世的に見て、学業などの勉強のレベルでよくできるということは、引っ掛け問題に強かったり、普通《ふつう》はミスするところをミスせずに、きちっと乗り越《こ》えたりするようなことに長《た》けていると思います。

そのため、他人様の発言や行動などのなかからミスを見つけるのは、わりに早いだろうと思うのです。そして、そうしたミスを見つけると、やはり、若気《わかげ》の至《いた》りで、「あなたは、そこをミスしただろう」というように、どうしても言ってしまうところはあるでしょう。

もちろん、そのようなときにも、友情に免《めん》じて許される場合や、むしろ教えてあげたほうがいい場合はあります。しかし、そうではなく、単なる「人間の品性の問題」として、他人の失敗や欠点ばかりを探しているような感じが強く出てきたら、あまりほめられるものでないことは確かです。これは間違《まちが》いありません。

ケース別、他人《ひと》の欠点を注意するときの方法

では、これに、どう対処すればよいのでしょうか。

ここについては、私も自分を変えるのに非常に苦労したのですが、まずは他《ひ》人様《とさま》を見るときに、失敗や欠点ばかりを見るのではなく、必ず「長所の部分」を同時に見ようとすることが大切だと思います。まず、欠点だけではなく、長所のところも併《あわ》せて、両方を見る必要があるということです。他人に注意しようとするときには、私はそのような努力をしました。

もちろん、自分の立場がずっと上で、相手がまだまだ何でも聞いてくれるような初心者のときであれば、「まず、おまえは、ここは絶対駄目《だめ》だ」「ここは、

もう全然なっていないよ」というように、パシッと言ってもよいとは思います。そのくらいの力の差というか、立場の差があれば、それは当然だとは思うのです。

例えば、銀行の新入社員が頭取《とうどり》に、「頭取！　うちも、たこ焼きを銀行の前で売りませんか」というようなことを、思いつきで言ったとしたらどうでしょう。

おそらく、頭取はポカンとするだろうと思いますが、その頭取の秘書あたりが、頭取に「あとで注意しておきますから」と言って、「ちょっと、ちょっと」という感じで新入社員を呼び、だいたい頭取が知らないところで〝始末《しまつ》、処分〟されるというか、注意をされるでしょう。

頭取には、たこ焼きを銀行の前で売るかどうかについて、答える義務はないのです。「君、そんなことは、ほかの人に相談したら答えは返ってくるよ」というような内容であるからです。

もちろん、「町内の祭りで非常に盛り上がっていて、どこも出店などをやっているのに、うちだけやっていない。これは問題だ」というようなことであれば、少し違うところもあるかもしれません。

ともあれ、「立場が違う」というのは怖《こわ》いものです。そういう人からは、断定的に言われる場合もあるとは思います。

ただ、通常はそうではありません。ちょっとした差があるぐらいの人に、あまりきついことを言いすぎると、決定的な亀裂《きれつ》が入って仲が悪くなることがあるので、まず、相手の長所をほめてあげることが大切です。

相手が賢《かしこ》い人の場合、「あなたには、こういういいところがあるね」と言いながら、失敗したところや欠点、悪いところを遠回しに言ってあげれば、その人はそれで分かります。

一方、相手がそれほど賢くない人の場合には、よいところはほめてあげながら、傷つかない範囲《はんい》内で、悪いところを少し言ってあげるとよいでしょう。

例えば、社内対抗《たいこう》で野球大会をやったとすると、このように言います。

「今日のゲームでは、君はとてもよかったよ。走っても速かったし、ホームランに近い打球も打ったし、とてもよかったと思う。才能があるんだね。ただ、審判《しんぱん》に食ってかかったところは、少しだけしつこかったというか、長かったかな。あそこは気をつけようね」

このくらいであれば、相手も収《おさ》まるのではないでしょうか。

特に、忙《いそが》しい人は、最初から悪いところだけをポンと言ってしまいがちなので、そのあたりに少し配慮《はいりょ》が必要です。よいところはほめてあげながら、「少し〝刺《さ》す〟」「遠回しに言う」「ほかの人に分からないところで注意をする」といった配慮をしたほうがよいわけです。

応接間に呼んで注意してくれた部長、人前で怒鳴《どな》っていた課長

私の会社員時代にも、私がミスをしたときには、だいたい、部長あたりは手招きをしながら「ちょっと、ちょっと」と言って応接間に呼び、ほかの人に聞かれないようにして、例えば、このように教えてくれました。

「君は、今日、銀行の人と会って話をしていたけれども、君が座《すわ》った席は上《かみ》座《ざ》だよ。相手を下座《しもざ》へ座らせて、君が上座に座っていたのを分かっているか

い？」

しかし、そんなことは習ったことがないですし、東京大学では絶対に教えはしないので分かるはずがありません。

そして、「上座は、数人掛けのソファーで入り口から遠い席だ。君は、そっちのほうに座って、向こうの三人を入り口近くの一人掛けの椅子《いす》にそれぞれ座らせていたけど、あれは君が上座に座っていたんだよ。もちろん、そこに座っていい人もいるわけだけれども、そうでないのに、君はそれをよくやっているようだから、気をつけたほうがいいよ」と注意されたのです。

そのように、「ああ、そうだったのか。そんなことがあるのか。それは知らなかった」と思うようなことはありました。部長は、そんなことを注意するのにも、わざわざ応接間に呼んで、やっていたのです。

もっとも、そのようにしない人もいました。当時の課長などは、課長席に座ったまま、周りが聞いているところで怒鳴《どな》ったり怒《おこ》ったりしていました。これは性格の違いでしょう。

ともかく、こっそりと、知らないことを教えてくれた人のほうが親切でしたし、本質的にはこちらに好意を抱《いだ》いてくれているのだろうなと感じていました。

「五十日《ごとおび》」という言葉の意味が分からずにかいた恥《はじ》

それから、商社に入社して三、四年目ぐらいのときのことだったでしょうか。名古屋《なごや》支社にいたときに、上司の会話を聞いていたら、「今日は五十日《ごとおび》だから、道路が混んでいるかもしれないな」というようなことを言うので、ポカンとしたことがあります。

小学校から東京大学までの教育において、「五十日」という言葉の説明を受けたことは一度もなく、塾《じゅく》でも予備校でも教わったことがなく、学友からも聞いたことがなかったため、「五十日」なるものの意味が分かりませんでした。

私がキョロキョロしているのを見て、部長は、「君なあ、もしかして知らないのかもしれないけど、『五十日』っていうのは、『五日《いつか》』と『十日《とおか》』が付く日のことだ。例えば、一月五日、十日、十五日、二十日、二十五日、三十日を『五十日』と言うんだ」と教えてくれたのです。

さらに、「なんでか分かるか？　契約《けいやく》上の締《し》め切りっていうのは、『十五日締め切り』とか『三十日締め切り』とかいって、だいたい五か十のところで締めるからだ。だから、五十日には、どこもいろいろと物を運び込《こ》んだり、在庫を到着《とうちゃく》させたりしないといけないことが多い。納期に遅《おく》れたら、ペナルティを受けたりキャンセルされたりするから、必死で走っている車も多いわけだよ」という感じで説明されました。

要するに、車の量が増える日のことを「五十日」と言うのです。

「家を建てなければ嫁《よめ》が来ない」という名古屋《なごや》の〝常識〟を知る

さらに、部長からは、「こんなこと、大学までに習ったことは一度もないんだろう？　だから、『君、五十日を知らないんじゃないか』と言っているんだ。それで、ほかにも幾《いく》つか気になるところがある」ということで、それ以外にも気になるところを指摘《してき》されたのですが、あれもこれもと、けっこう出てきました。

例えば、「名古屋《なごや》のあたりで結婚《けっこん》する場合には、男は家一軒《けん》建てなければいけない」と言われたのですが、そんなことは知っているわけがありません。「え？　マンションでは駄目なんですか。アパートでは駄目なんですか」と訊《き》き返すと、こう教えてくれました。

「いや、家一軒、建てなければいけない。ただ、女性のほうにも義務はあって、男性が家を建ててくれる替《か》わりに、トラック三台分の荷物を運び込まなければいけないんだ。

まあ、『そんなの知るか』と言いたいところだろうけれども、地元ではそういう流儀《りゅうぎ》があるわけで、伝統や名前のある地元の人たちは、そういうことは常識として頭のなかに入った上で話をするもんだ。

なぜかというと、商売を始めるのでも、『アパートやマンションに住んでいる』というのは、それは夜逃《よに》げができるということだ。要するに、『夜逃げができるから、信用がない』ということを意味するわけだよ。

夫はちゃんと自分で建てた家を持っていて、奥《おく》さんもトラック三台分で運び込むぐらいの家財道具を持っているというのは、『すぐに夜逃げができる態勢ではない』ということだから、商売の相手にも、逃げられる前に差し押《お》さえができるということは分かる。『すぐには逃げられない』ということで、家を持っていないと信用されないということがあるんだよ」

こうした話を初めて聞くと、「ほう、そんなものなのか」とは思うものの、やはり、「知らないものは知らない」ということはあるでしょう。

ときどき、このようなギャップが出ることもあって、普通の人であれば知っているると思われるようなことのなかに、自分は知らないことが出てきたときに恥《はじ》をかくこともあるのではないでしょうか。

人が育つ「ほめ方」「叱《しか》り方」のコツ

ただ、人に何かを言うときに、言い方によっては、「あとに残る場合」と「残らない場合」とがあるので、やはり、言い方に気をつけてもらえるとありがたいものです。

例えば、先ほどの部長について言えば、「五十日」や、「この地域では家を持っていないと、なかなか嫁《よめ》さんが来ない」ということを私が知らなかったのを指摘されて恥をかいた一方で、こんなこともありました。

あるとき、会社を訪問するはずだった外国人の方が、間違えて社員寮《りょう》（現・幸福の科学名古屋記念館）のほうに来てしまい、賄《まかな》いのおばさんたちも応対に困るということがありました。賄いの人は四人ほどいたと思いますが、誰《だれ》も英会話ができず、往生《おうじょう》してしまったのです。

その場に、たまたま、わりと早めに帰ることのできた私が現れたのですが、外国人の方が何か言っているのに、みな、答えられなくて困っているところでした。

そこで、代わりに私が応対することにして、ババババッと英語で会話をしたところ、一緒《いっしょ》にいた部長が、「さすが、ニューヨーク帰りだな。大したもんだ」とほめてくれたのです。

もっとも、大した英語ではなく、相手は迷子《まいご》になって道を訊《き》いているだけだったので、それほど難しいことではなかったのですが、それでも、「おお、やっぱり、ニューヨーク帰りは違う」などと言ってくれたのを覚えています。すでに英語が〝錆《さ》びつき〟かかっていたころで、やや危ないレベルではありましたけれども（笑）、そんなことがあったのです。

このように、人は、「上がったり下がったり」ということがけっこうあるものです。例えば、怒られたときに、そのことを深く長く考えたり感じたりする人もいれば、すぐに忘れてケロッとしている人もいるでしょう。また、ほめられたことをずっと覚えている人もいれば、それを忘れる人もいます。

いずれにしても、「人を育てる」という気持ちがあるのであれば、叱《しか》るときには、相手のプライドをあまり傷つけないような叱り方を心掛けてみることです。また、叱る前に、相手のいいところについても併せつつ話をするのもよいでしょう。例えば、「ここは頑張《がんば》ったね。でも、ここのところについては、どうしても問題として処分しなければいけないね」などと言うようにするのです。さらに、叱ったあとで「やりすぎたかな」と思った場合には、別のところではめて埋め合わせをするということでもよいと思います。

「全面否定」「全面肯定《こうてい》」になりすぎないように

「埋め合わせ」ということでは、ちょっと余談になりますが、名古屋支社にいた当時の私は、休日には本を読んでいることが多かったこともあり、私の車は上に枯《か》れ葉が溜《た》まっているような状態で、ほとんど使われていなかったのです。

そのため、同じ寮に住んでいた単身赴任《ふにん》中のある管理職の人から、「ゴルフに行くから、車を貸してくれないか」と頼《たの》まれたことがありました。

私も、特に乗る予定もないので、「ああ、いいですよ」と、その上司に貸したわけですが、どこかでぶつけてきたらしく、車体がへこんでいて、傷を入れられてしまったのです。車庫入れに失敗し、角《かど》の柱に引っ掛けたはずみで、キーッと線が入ったようです。

「いや、すまんかったな。悪かった」と言う上司に、「課長、給料かボーナスで返しといてくださいよ」と冗談《じょうだん》半分に返したところ、次のボーナスにその修理代分だけ〝上乗《うわの》せ〟されていました（笑）。これは、ほかの人には分からなかったことでしょうけれども、本当に、当時の会社もいいかげんなものだったなとは思います。

実際に、車の修理代が幾らかかったのかは忘れましたが、半《なか》ば冗談のつもりで「ボーナスで返しといてくださいね」と言ったら、かかった数万円ほどの額だけ本当に乗っていたので、まあ、律儀《りちぎ》ではあったかもしれません。

本論からはやや脱線《だっせん》になりましたけれども、世の中にはそういうこともあります。いずれにしても、とりあえず、「全面否定」、あるいは「全面肯定《こうてい》」というかたちになりすぎないようにしたほうがよいでしょう。

「否定から入るタイプ」は、人を使うのには向いていない

それから、人によっては、「まず否定から入っていく」ようなこともあります。頭がよいのかもしれませんけれども、そういう人はわりあい多いのです。

郵便はがき

料金受取人払郵便

赤坂局承認

9654

差出有効期間
2023年3月
9日まで
(切手不要)

1 0 7 - 8 7 9 0

112

東京都港区赤坂2丁目10－8
幸福の科学出版（株）
愛読者アンケート係 行

ご購読ありがとうございました。お手数ですが、今回ご購読いただいた書籍名をご記入ください。

書籍名

フリガナ お名前	男・女	歳
ご住所 〒 都道府県		
お電話（ ）―		
ご職業 ①会社員 ②会社役員 ③経営者 ④公務員 ⑤教員・研究者 ⑥自営業 ⑦主婦 ⑧学生 ⑨パート・アルバイト ⑩他（ ）		
弊社の新刊案内メールなどをお送りしてもよろしいですか？（はい・いいえ）		
e-mail アドレス		

愛読者プレゼント☆アンケート

ご購読ありがとうございました。
今後の参考とさせていただきますので、下記の質問にお答えください。
抽選で幸福の科学出版の書籍・雑誌をプレゼント致します。
(発表は発送をもってかえさせていただきます)

1 本書をどのようにお知りになりましたか？

① 新聞広告を見て [新聞名：]
② ネット広告を見て [ウェブサイト名：]
③ 書店で見て　④ ネット書店で見て　⑤ 幸福の科学出版のウェブサイト
⑥ 人に勧められて　⑦ 幸福の科学の小冊子　⑧ 月刊「ザ・リバティ」
⑨ 月刊「アー・ユー・ハッピー？」　⑩ ラジオ番組「天使のモーニングコール」
⑪ その他 ( )

2 本書をお読みになったご感想をお書きください。

3 今後読みたいテーマなどがありましたら、お書きください。

ご感想を匿名にて広告等に掲載させていただくことがございます。ご記入いただきました個人情報については、同意なく他の目的で使用することはございません。

ご協力ありがとうございました！

「まずは否定」ということで、相手の仕事を否定し、業績を否定し、人格を否定していきます。そして、すべて否定していって〝パー〟になったあと、次には必ず自慢《じまん》を始めるわけです。そういうタイプの人がいるでしょう。「自分はどれほどできるか」「どれほどやってきたか」といった自慢を始めるのですが、やはり、少々よくない気がします。

そのように「否定から入っていくタイプ」の人は、多くの人を使うのにはあまり向いていないのではないでしょうか。

基本的には、「相手のよいところをきちんと認めてあげながら、よくないところについては少しずつ直して、導いていこうとしてくれているのだな」という感じが分かると、その人もついてきます。しかし、否定から入られると、相手は、「自分のことを拒否《きょひ》しているんだな。嫌《きら》われているんだな」というように思ってしまい、萎縮《いしゅく》して伸《の》びなくなります。
このあたりについては、気をつけることが大事かと思います。

あとがき

若い頃、頭が切れるな、とか、鋭いな、と思って期待していたのに、三十歳を過ぎると凡庸《ぼんよう》になったり、四十歳にもなると、まわりの人から嫌われて、「徳」が発生せず、リーダーにもなれない人が目につくようになってきた。右肩上がりの高度安定成長でなくなったことも大きいが、単に大量の情報処理をこなす人を「知の巨人」などと称しやすい時代とも呼応《こおう》しているように思えてならない。

日々の経験の中から、「人間として大切なこと」を学びとっていく努力を軽視しているのではないか。

また「凡事徹底《ぼんじてってい》」の中に見えてくる「光」がわからなくなっているのではなかろうか。

「失敗」を認めないことが即《そく》「成功」なのではない。「成功」の中にも謙虚《けんきょ》な努力の余地《よち》を認め、「失敗」の中に明日の「活路《かつろ》」を見い出す人こそ、年齢にかかわらず「大人《おとな》」になっていく人なのである。

二〇一八年　四月二十日

幸福《こうふく》の科学《かがく》グループ創始者兼総裁《そうししゃけんそうさい》　大川隆法《おおかわりゅうほう》

『大人になるということ』大川隆法著作関連書籍

『現代の帝王学序説』（幸福の科学出版刊）

『人に嫌われる法則』（同右）

『青春マネジメント』（同右）

『パパの男学入門』（同右）

『映画「君の名は。」メガヒットの秘密
　新海誠監督のクリエイティブの源泉に迫る』（同右）

『自制心』（大川隆法・大川直樹 共著　同右）

大人《おとな》になるということ
――心の成長とリーダーの器――

2018年5月7日　初版第1刷

著　者　大《おお》川《かわ》隆《りゅう》法《ほう》

発行所　幸福の科学出版株式会社
〒107-0052 東京都港区赤坂2丁目10番14号
TEL(03)5573-7700
http://www.irhpress.co.jp/

印刷・製本　株式会社 研文社

落丁・乱丁本はおとりかえいたします

ISBN978-4-86395-995-8 C0030
装丁・イラスト・写真© 幸福の科学

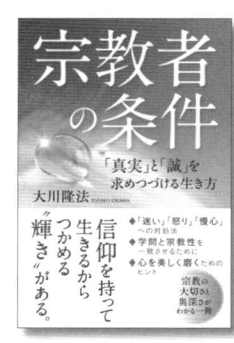

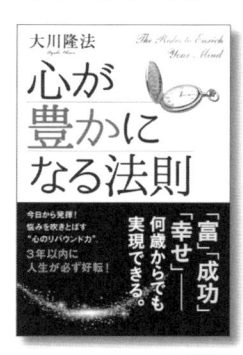

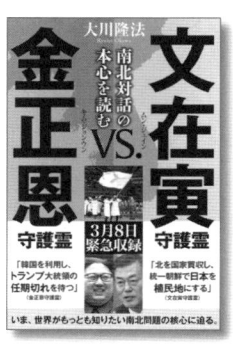

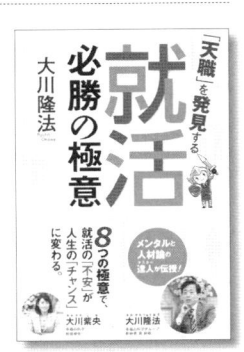

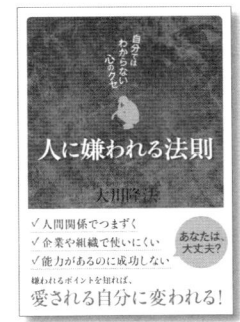

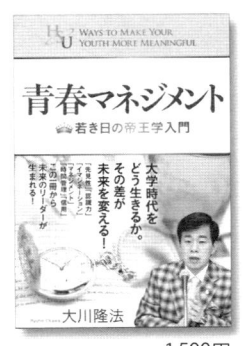

大川隆法ベストセラーズ・人の上に立つ者の心構え

凡事徹底と独身生活・結婚生活

仕事力を高める「ライフスタイル」の選択

大反響の「凡事徹底」シリーズ第４弾。

お金、時間、人間関係──。独身でも結婚でも、どちらの生き方でも成功するための知的ライフスタイルとは。

1,500円

帝王学の築き方

危機の時代を生きるリーダーの心がけ

追い風でも、逆風でも前に進むことがリーダーの条件である──。帝王学をマスターするための智慧が満載された、『現代の帝王学序説』の続編。

2,000円

自制心

「心のコントロール力」を高めるコツ

大川隆法　大川直樹　共著

ビジネスや勉強で、運や環境の変化などに左右されずに成果を生み出し続けるには？「できる人」になるための「心のマネジメント法」を公開。

1,500円

※表示価格は本体価格（税別）です。

大川隆法「法シリーズ」・**最新刊**

信仰の法

法シリーズ
第24作

地球神エル・カンターレとは

さまざまな民族や宗教の違いを超えて、
地球をひとつに──。
文明の重大な岐路に立つ人類へ、
「地球神」からのメッセージ。

第1章　信じる力
── 人生と世界の新しい現実を創り出す

第2章　愛から始まる
──「人生の問題集」を解き、「人生学のプロ」になる

第3章　未来への扉
── 人生三万日を世界のために使って生きる

第4章　「日本発世界宗教」が地球を救う
── この星から紛争をなくすための国造りを

第5章　地球神への信仰とは何か
── 新しい地球創世記の時代を生きる

第6章　人類の選択
── 地球神の下に自由と民主主義を掲げよ

2,000円（税別）　幸福の科学出版

幸福の科学グループのご案内

宗教、教育、政治、出版などの活動を通じて、地球的ユートピアの実現を目指しています。

幸福の科学

一九八六年に立宗。信仰の対象は、地球系霊団の最高大霊、主エル・カンターレ。世界百カ国以上の国々に信者を持ち、全人類救済という尊い使命のもと、信者は、「愛」と「悟り」と「ユートピア建設」の教えの実践、伝道に励んでいます。

（二〇一八年五月現在）

愛

幸福の科学の「愛」とは、与える愛です。これは、仏教の慈悲《じひ》や布施《ふせ》の精神と同じことです。信者は、仏法真理をお伝えすることを通して、多くの方に幸福な人生を送っていただくための活動に励んでいます。

悟り

「悟り」とは、自らが仏の子であることを知るということです。教学《きょうがく》や精神統一によって心を磨き、智慧《ちえ》を得て悩みを解決すると共に、天使・菩薩《ぼさつ》の境地を目指し、より多くの人を救える力を身につけていきます。

ユートピア建設

私たち人間は、地上に理想世界を建設するという尊い使命を持って生まれてきています。社会の悪を押しとどめ、善を推し進めるために、信者はさまざまな活動に積極的に参加しています。

国内外の世界で貧困や災害、心の病で苦しんでいる人々に対しては、現地メンバーや支援団体と連携して、物心両面にわたり、あらゆる手段で手を差し伸べています。

年間約３万人の自殺者を減らすため、全国各地で街頭キャンペーンを展開しています。

公式サイト　**www.withyou-hs.net**

ヘレン・ケラーを理想として活動する、ハンディキャップを持つ方とボランティアの会です。視聴覚障害者、肢体不自由な方々に仏法真理を学んでいただくための、さまざまなサポートをしています。

公式サイト　**www.helen-hs.net**

入会のご案内

幸福の科学では、大川隆法総裁が説く仏法真理《ぶっぽうしんり》をもとに、「どうすれば幸福になれるのか、また、他の人を幸福にできるのか」を学び、実践しています。

入会

仏法真理を学んでみたい方へ

大川隆法総裁の教えを信じ、学ぼうとする方なら、どなたでも入会できます。入会された方には、『入会版「正心法語」』が授与されます。

ネット入会　入会ご希望の方はネットからも入会できます。
happy-science.jp/joinus

三帰《さんき》誓願《せいがん》

信仰をさらに深めたい方へ

仏弟子としてさらに信仰を深めたい方は、仏《ぶっ》・法《ぽう》・僧《そう》の三宝《さんぽう》への帰依を誓う「三帰誓願式」を受けることができます。三帰誓願者には、『仏説・正心法語《しょうしんほうご》』『祈願文《きがんもん》①』『祈願文②』『エル・カンターレへの祈り』が授与されます。

幸福の科学 サービスセンター
TEL 03-5793-1727 （受付時間／火～金：10～20時 土・日祝：10～18時）

幸福の科学 公式サイト
happy-science.jp

教育

ハッピー・サイエンス・ユニバーシティ
Happy Science University

ハッピー・サイエンス・ユニバーシティとは

ハッピー・サイエンス・ユニバーシティ(HSU)は、大川隆法総裁が設立された「現代の松下村塾」であり、「日本発の本格私学」です。建学の精神として「幸福の探究と新文明の創造」を掲げ、チャレンジ精神にあふれ、新時代を切り拓く人材の輩出を目指します。

学部のご案内

人間幸福学部

人間学を学び、新時代を切り拓くリーダーとなる

経営成功学部

企業や国家の繁栄を実現する、起業家精神あふれる人材となる

未来産業学部

新文明の源流を創造するチャレンジャーとなる

HSU長生キャンパス
〒299-4325
千葉県長生郡長生村一松丙 4427-1
TEL 0475-32-7770

未来創造学部

時代を変え、未来を創る主役となる

政治家やジャーナリスト、ライター、俳優・タレントなどのスター、映画監督・脚本家などのクリエーター人材を育てます。4年制と短期特進課程があります。

・4年制

1年次は長生キャンパスで授業を行い、2年次以降は東京キャンパスで授業を行います。

・短期特進課程(2年制)

1年次・2年次ともに東京キャンパスで授業を行います。

HSU未来創造・東京キャンパス
〒136-0076
東京都江東区南砂2-6-5
TEL 03-3699-7707

幸福の科学グループの教育・人材養成事業

学校法人
幸福の科学学園

学校法人 幸福の科学学園は、幸福の科学の教育理念のもとにつくられた教育機関です。人間にとって最も大切な宗教教育の導入を通じて精神性を高めながら、ユートピア建設に貢献する人材輩出を目指しています。

幸福の科学学園

中学校・高等学校(那須本校)
2010年4月開校・栃木県那須郡(男女共学・全寮制)
TEL **0287-75-7777**
公式サイト **happy-science.ac.jp**

関西中学校・高等学校(関西校)
2013年4月開校・滋賀県大津市(男女共学・寮及び通学)
TEL **077-573-7774**
公式サイト **kansai.happy-science.ac.jp**

仏法真理塾「サクセスNo.1」 TEL **03-5750-0747**(東京本校)
小・中・高校生が、信仰教育を基礎にしながら、「勉強も『心の修行』」と考えて学んでいます。

不登校児支援スクール「ネバー・マインド」 TEL **03-5750-1741**
心の面からのアプローチを重視して、不登校の子供たちを支援しています。
また、障害児支援の**「ユー・アー・エンゼル!」運動**も行っています。

エンゼルプランV TEL **03-5750-0757**
幼少時からの心の教育を大切にして、信仰をベースにした幼児教育を行っています。

シニア・プラン21 TEL **03-6384-0778**
希望に満ちた生涯現役人生のために、年齢を問わず、多くの方が学んでいます。

学校からのいじめ追放を目指し、さまざまな社会提言をしています。また、各地でのシンポジウムや学校への啓発ポスター掲示等に取り組む一般財団法人「いじめから子供を守ろうネットワーク」を支援しています。

公式サイト **mamoro.org**
ブログ **blog.mamoro.org**
相談窓口 **TEL.03-5719-2170**

政治

幸福実現党

内憂外患《ないゆうがいかん》の国難に立ち向かうべく、2009年5月に幸福実現党を立党しました。創立者である大川隆法党総裁の精神的指導のもと、宗教だけでは解決できない問題に取り組み、幸福を具体化するための力になっています。

幸福実現党 釈量子サイト
shaku-ryoko.net

Twitter
釈量子@shakuryoko
で検索

党の機関紙
「幸福実現NEWS」

幸福実現党　党員募集中

あなたも幸福を実現する政治に参画しませんか。

○ 幸福実現党の理念と綱領、政策に賛同する18歳以上の方なら、どなたでも参加いただけます。
○ 党費：正党員（年額5千円［学生 年額2千円］）、特別党員（年額10万円以上）、家族党員（年額2千円）
○ 党員資格は党費を入金された日から1年間です。
○ 正党員、特別党員の皆様には機関紙「幸福実現NEWS（党員版）」が送付されます。

＊申込書は、下記、幸福実現党公式サイトでダウンロードできます。
住所：〒107-0052　東京都港区赤坂2-10-8 6階 幸福実現党本部
TEL **03-6441-0754**　FAX **03-6441-0764**
公式サイト **hr-party.jp**　若者向け政治サイト **truthyouth.jp**

幸福の科学出版

出版 メディア 事業

大川隆法総裁の仏法真理の書を中心に、ビジネス、
自己啓発、小説など、さまざまなジャンルの書籍・雑誌を出版しています。 他にも、映画事業、文学・学術発展のための振興事業、テレビ・ラジオ番組の提供など、幸福の科学文化を広げる事業を行っています。

アー・ユー・ハッピー?
are-you-happy.com

ザ・リバティ
the-liberty.com

幸福の科学出版
TEL **03-5573-7700**
公式サイト **irhpress.co.jp**

THE FACT

ザ・ファクト
マスコミが報道しない
「事実」を世界に伝える
ネット・オピニオン番組

Youtubeにて
随時好評
配信中!

ザ・ファクト 検索

芸能文化 事業

NEW STAR PRODUCTION

ニュースター・プロダクション

「新時代の"美しさ"」を創造する芸能プロダクションです。2016年3月に映画「天使に"アイム・ファイン"」を、2017年5月には映画「君のまなざし」を公開しています。

公式サイト **newstarpro.co.jp**

ARI Production

ARI《アリ》 Production《プロダクション》

タレント一人ひとりの個性や魅力を引き出し、「新時代を創造するエンターテインメント」をコンセプトに、世の中に精神的価値のある作品を提供していく芸能プロダクションです。

公式サイト **aripro.co.jp**

大川隆法　講演会のご案内

大川隆法総裁の講演会が全国各地で開催されています。
講演のなかでは、毎回、「世界教師」としての立場から、幸福な人生を生きるための心の教えをはじめ、世界各地で起きている宗教対立、紛争、国際政治や経済といった時事問題に対する指針など、日本と世界がさらなる繁栄の未来を実現するための道筋が示されています。

2017年8月2日 東京ドーム「人類の選択」

2017年5月14日 ロームシアター京都「永遠なるものを求めて」

2017年4月23日 高知県立県民体育館「人生を深く生きる」

2018年2月3日 都城市総合文化ホール(宮崎県)「情熱の高め方」

2017年12月7日 幕張メッセ(千葉県)「愛を広げる力」

講演会には、どなたでもご参加いただけます。
最新の講演会の開催情報はこちらへ。⟹

大川隆法総裁公式サイト
https://ryuho-okawa.org

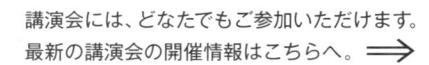